"Schachnovelle" von Stefan Zweig. Umfassende Analyse und Interpretation

Bibliografische Information der Deutschen Nationalbibliothek:

Die Deutsche Nationalbibliothek verzeichnet diese Publikation in der Deutschen Nationalbibliografie; detaillierte bibliografische Daten sind im Internet über http://dnb.d-nb.de abrufbar.

ISBN: 9783346885784
Dieses Buch ist auch als E-Book erhältlich.

Druck und Bindung: Books on Demand GmbH, Norderstedt Germany
Gedruckt auf säurefreiem Papier aus verantwortungsvollen Quellen

Das vorliegende Werk wurde sorgfältig erarbeitet. Dennoch übernehmen Autoren und Verlag für die Richtigkeit von Angaben, Hinweisen, Links und Ratschlägen sowie eventuelle Druckfehler keine Haftung.

Das Buch bei GRIN: https://www.grin.com/document/1361602

Portfolio

„Schachnouvelle"

Stefan Zweig

Inhaltsverzeichnis

1. Das Werk allgemein

1.1 Der Autor

1.1.1 Biografie zu Stefan Zweig

Stefan Zweig, geboren 1881 in Wien, verstarb am 23. Februar 1942 in Petrópolis. Der österreichische Schriftsteller schrieb Gedichte, Erzählungen, Romane, Theaterstücke und Essay-Bände, und er verfasste literarische und historische Biografien. Auch als Übersetzer, Herausgeber und als Mitarbeiter zahlreicher Zeitschriften und Zeitungen war er tätig. Seine Werke umfassen Schriften in Prosa und darunter zahlreiche Novellen sowie historische Erzählungen.[1]

Stefan Zweig wurde am 28. November 1881 in Wien geboren. 1892 besuchte er das Wiener Gymnasium Wasagasse und legte dort 1899 seine Matura ab. 1897 wurden bereits einige seiner frühen Gedichte in Zeitschriften veröffentlicht. Von 1919 bis 1934 wohnte der Autor mit seiner ersten Frau Friderike in Salzburg, wo in rascher Folge seine erfolgreichsten Bücher entstanden und er zum meistübersetzten Autor deutscher Sprache werden sollte. Zweig verließ Salzburg im Februar 1934, ein Jahr nach Hitlers Machtergreifung. Auch in Österreich waren die politischen Parteien verboten worden und hatte das Militär in einem Bürgerkrieg auf Sozialdemokraten und Kommunisten geschossen. Stefan Zweig wird auf die Liste der Autoren der Bücherverbrennungen und verbotener Autoren gesetzt.

Für sechs Jahre lebte Zweig im Exil in England. 1938 scheidet er sich von Friderike Zweig und heiratet wenig später seine Sekretärin Charlotte Altmann. 1939 wurde er britischer Staatsbürger, um schließlich seine letzten eineinhalb Lebensjahre in den USA und in Brasilien zu verbringen. Ebenfalls in Brasilien erscheint seine Monografie 1941. Im selben Jahr wird ihm auch sein Doktortitel durch die Nationalsozialisten aberkannt. [2] Schon im englischen Exil, Mitte der 1930er Jahre, wird die Selbstvergewisserung über seine heimatliche Zugehörigkeit zum wichtigsten Thema für Stefan Zweig. So kehrt er in seinen Romanen immer wieder in sein Heimatsland Österreich zurück. Auch in der „Schachnovelle" bezieht sich Zweig ein letztes Mal auf der Geschichte der für immer verlorenen Heimat zurück. [3]

---

[1]   Vgl. *unbekannter Autor*, Zweig, Stefan. In: Austria-Forum, online unter: <https://austria-forum.org/af/Biographien/Zweig%2C_Stefan> (abgerufen am 13.05.2022) im Folgenden zit. als: *unbekannter Autor*, Zweig, Stefan. In: Austria-Forum.

[2]   Vgl. *unbekannter Autor*, Zweig, Stefan. In: Austria-Forum (abgerufen am 13.05.2022).

[3]   Vgl. *unbekannter Autor*, Stefan Zweig: Umstrittener Weltautor. In: Wiener Zeitung, online unter: <https://www.wienerzeitung.at/nachrichten/reflexionen/vermessungen/2124518-Stefan-Zweig-Umstrittener-Weltautor.html> (abgerufen am 13.05.2022) im Folgenden zit. als: *unbekannter Autor*, Stefan Zweig: Umstrittener Weltautor. In: Wiener Zeitung.

Die Nachrichten über Hitlers Kriegserfolge, die Verzweiflung über die Zerstörung der europäischen Demokratien und die Verfolgung der Juden hatten ihn in schwere Depressionen gestürzt. Zweig hinterließ mehrere unabgeschlossene Manuskripte, sowie die „Schachnovelle", die er aber schließlich fertigstellen konnte.

In seinen letzten Lebenstagen arbeitete er intensiv an den Korrekturen dieser Erzählung, die von vielen für seine beste gehalten wird.[4]

Am 22. Februar 1942 kommt es zum Suizid von Charlotte und Stefan Zweig in Brasilien. Nach seinem Tod erscheint seine Autobiografie mit dem Titel „Die Welt von Gestern". 1943 wird sein Werk „Schachnovelle" veröffentlicht.[5]

---

[4] Vgl. *unbekannter Autor*, Stefan Zweig: Umstrittener Weltautor. In: Wiener Zeitung (abgerufen am 13.05.2022).
[5] Vgl. *unbekannter Autor*, Zweig, Stefan. In: Austria-Forum (abgerufen am 13.05.2022).

1.1.2 Zeitstrahl

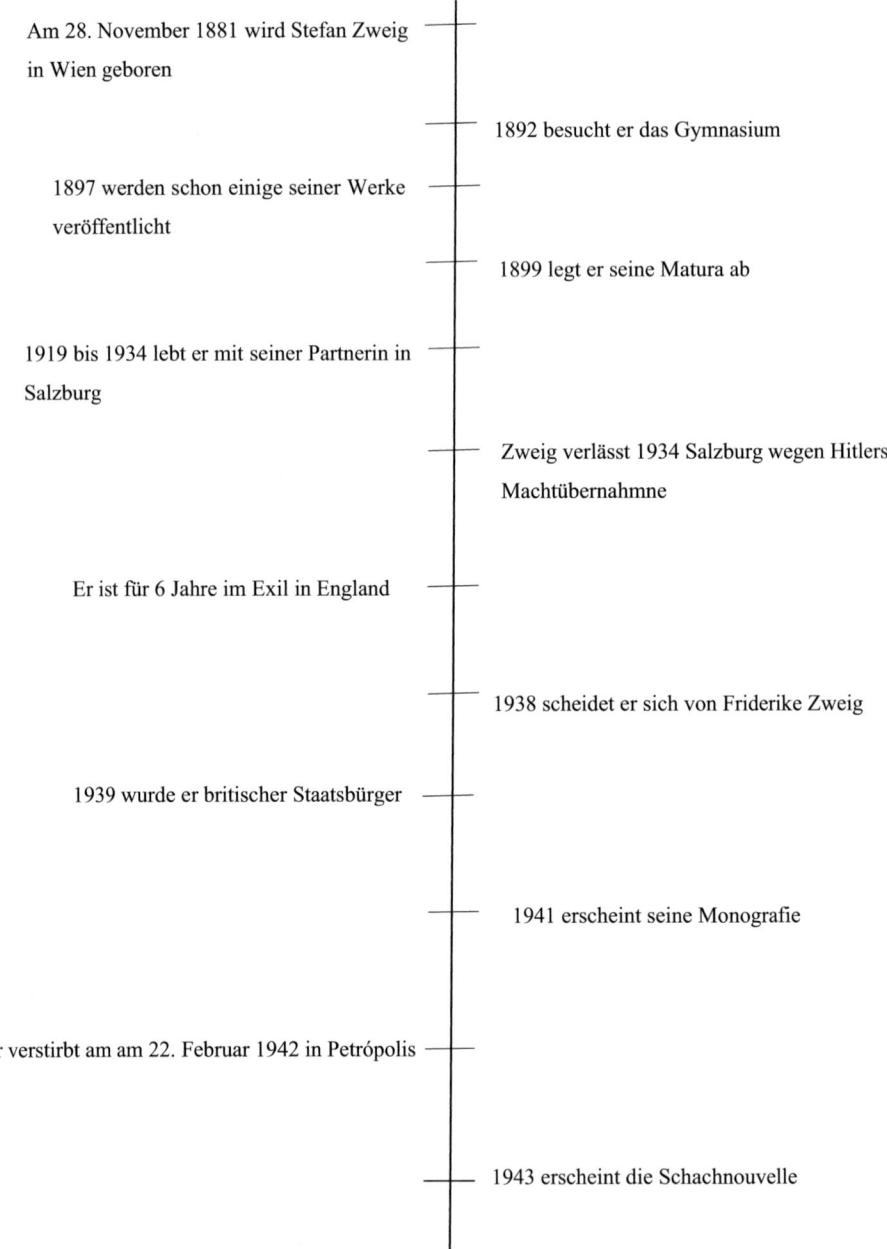

Am 28. November 1881 wird Stefan Zweig in Wien geboren

1892 besucht er das Gymnasium

1897 werden schon einige seiner Werke veröffentlicht

1899 legt er seine Matura ab

1919 bis 1934 lebt er mit seiner Partnerin in Salzburg

Zweig verlässt 1934 Salzburg wegen Hitlers Machtübernahmne

Er ist für 6 Jahre im Exil in England

1938 scheidet er sich von Friderike Zweig

1939 wurde er britischer Staatsbürger

1941 erscheint seine Monografie

Er verstirbt am am 22. Februar 1942 in Petrópolis

1943 erscheint die Schachnouvelle

1.2 Inhalt

Die „Schachnovelle" von Stefan Zweig wurde 1943 erstmals veröffentlicht. . Protagonisten sind der Schachweltmeister Mirko Czentovic, der Millionär McConnor und der österreichische Exilant und frühere Anwalt Dr. B. Erzählt wird in der Ich-Form aus der Perspektive eines weiteren Passagiers, dessen Name nicht genannt wird. Die Nouvelle schildert einige Schachspiele an Bord eines Passagierschiffes auf dem Weg von New York nach Buenos Aires, sowie die Erzählung des Dr. B. von seiner Gefangenschaft der Gestapo. Die Handlung spielt im Jahre 1939 und schildert wenige Tage des Jahres.

Der Erzähler befindet sich auf einem Passagierdampfer nach Buenos Aires. Kurz bevor das Schiff in New York ablegt, erfährt er, dass Schachweltmeister Mirko Czentovic mit an Bord ist. Er ist aufgeregt und will ihn unbedingt treffen, denn bisher weiß man nur wenig über das 21-jährige Schachgenie. Czentovic stammt aus einfachen Verhältnissen und ist ungebildet, denn seine Eltern sind früh verstorben. Ein Pfarrer hatte ihn als Pflegekind aufgenommen und sich vergeblich bemüht, ihn zu unterrichten. Sein Talent zum Schachspielen wurde durch Zufall entdeckt. Seine plumpe Gestalt und sein gieriger Geschäftssinn charakterisieren ihn.

Während der Fahrt trifft der Erzähler auf den Unternehmer und Ölmillionär McConnor. Er teilt ihm mit, dass Czentovic an Bord ist. Übermütig will McConnor unbedingt gegen den Weltmeister spielen. Czentovic willigt ein, gegen ihn und weitere Passagiere anzutreten, falls er 250 Dollar pro Partie erhalte. Er gewinnt das erste Spiel, worauf McConnor und seine Unterstützer eine Revanche fordern. Kurz vor ihrer Niederlage, mischt sich ein Unbekannter namens Dr. B. in das Spiel ein. Mit seinen Hinweisen verhilft er der Gruppe um McConnor zu einem Remis. Er weigert sich jedoch, anschließend allein gegen Czentovic anzutreten. Einen Tag später trifft der Ich-Erzähler erneut auf Dr. B. und beginnt ein Gespräch mit ihm. Dr. B. ist überrascht, als er hört, dass die gestrige Partie gegen den amtierenden Schachweltmeister gespielt wurde. Schließlich erzählt er dem Erzähler den Hintergrund seiner Schachkünste.

Dr. B. und sein Vater sind als Rechtsberater und Vermögensverwalter enge Vertraute des Adels und des Klerus in Österreich in den 1930er Jahren gewesen. Bis zum Einmarsch der Nationalsozialisten 1938 gelingt es ihnen, das Vermögen seiner Klienten vor dem Zugriff der Nationalsozialisten zu bewahren.

Doch er wird von einem Mitarbeiter hintergangen und wird von der Gestapo festgenommen. Jedoch ist seine Gefangenschaft weit entfernt von jedem normalen Gefängnis. Er wird in einem Hotelzimmer von der Außenwelt isoliert und häufig verhört.

Zu seinem Glück kann er kurzzeitig dem psychischem Wahnsinn der Isolation entkommen, indem er ein Buch aus der Manteltasche eines Gestapo-Mannes. Zunächst ist er enttäuscht, weil es sich um ein Schachbuch handelt. Dann aber beginnt er, sich intensiv mit den geschilderten Partien zu beschäftigen und sie im Geiste nachzuspielen.

Anfangs gelingt es ihm so, die Isolation und die Verhöre zu überstehen. Doch im weiteren Verlauf führt seine Beschäftigung mit dem Schachspiel und das Erfinden eigener Partien zu psychischen Störungen. Dr. B. spielt gedanklich gegen sich selbst und ist so stets Gewinner und Verlierer zugleich. Dem Wahnsinn nahe, greift er einen Wärter an, verletzt sich und wird ins Krankenhaus gebracht. Hier erklärt ein mitfühlender Arzt ihn für unzurechnungsfähig und erwirkt so seine Freilassung.

Nachdem der Erzähler Dr. B. zugehört hat, überzeugt er ihn, doch noch gegen Czentovic anzutreten. Dr. B. willigt ein, betont aber, dass er nur eine einzige Partie spielen will. Er fürchtet, sonst wieder in seine Manie zu verfallen und den Verstand zu verlieren. Dieses Spiel gewinnt er, doch merkt der Erzähler, dass seine Langeweile ihm zum Verhängnis werden wird.

Czentovic fordert Revanche. Entgegen seiner Ankündigung lässt sich Dr. B. sofort darauf ein. Beim Rückspiel verzögert Czentovic seine Züge absichtlich, weil er merkt, dass dies seinen Gegner nervös macht. Dr. B. kann schließlich nicht mehr zwischen dem realen Spiel und einer Partie aus dem Buch, die er noch immer im Kopf hat, unterscheiden. Schließlich bietet er Czentovic schreiend Schach, obwohl dies offensichtlicher Weise noch nicht der Fall ist.

Dem Erzähler gelingt es, Dr. B. aus seinem Wahn zurück in die reale Welt an Bord des Schiffes zu holen. Als er begreift, was passiert ist, zieht Dr. B. sich aus dem Spiel zurück und entschuldigt sich bei allen Beteiligten. Er kündigt an, nie wieder Schach spielen zu wollen.

1.3 Cluster zu „Allgemeine Einführung zum Werk

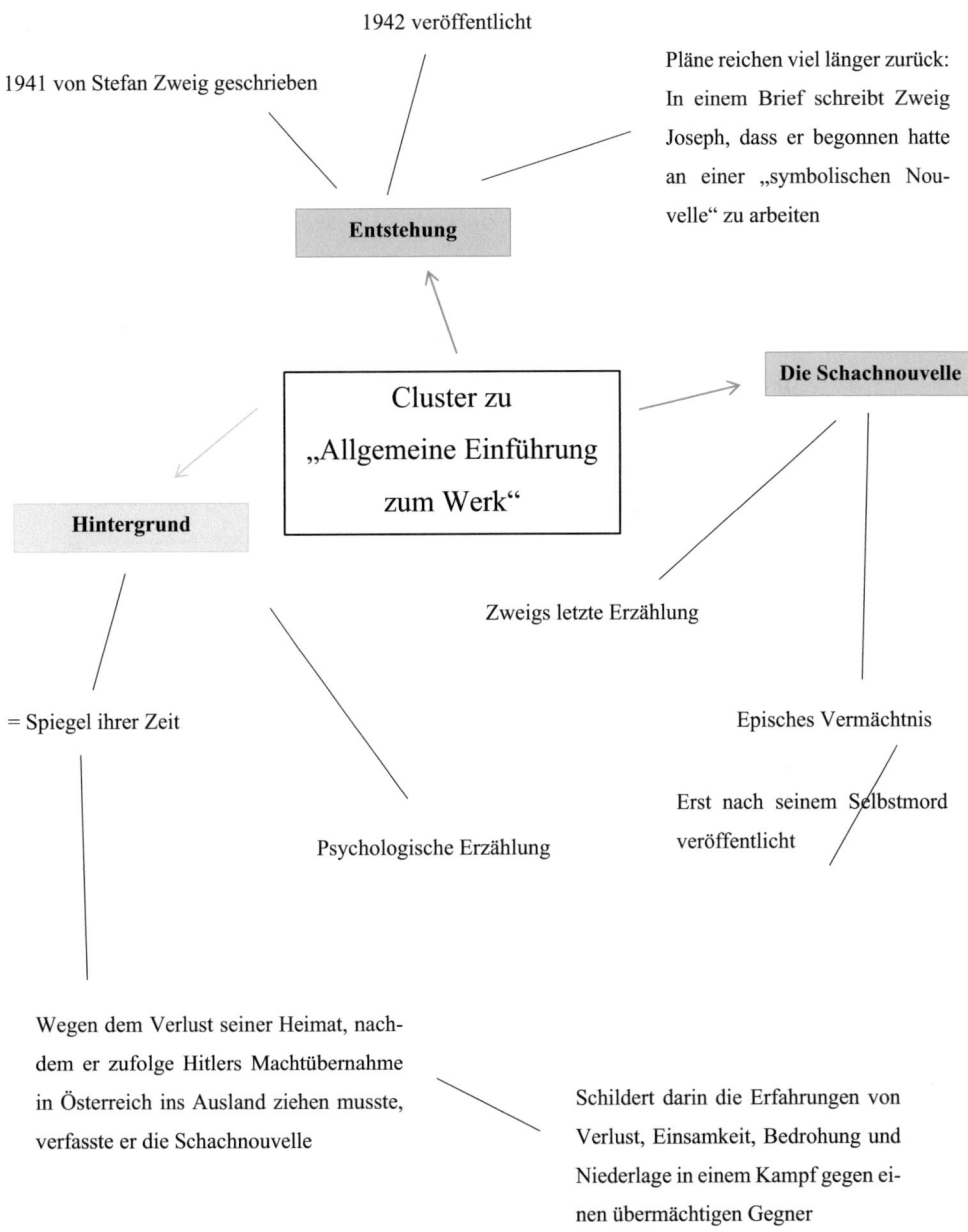

1942 veröffentlicht

1941 von Stefan Zweig geschrieben

Pläne reichen viel länger zurück: In einem Brief schreibt Zweig Joseph, dass er begonnen hatte an einer „symbolischen Nouvelle" zu arbeiten

Entstehung

Cluster zu „Allgemeine Einführung zum Werk"

Die Schachnouvelle

Hintergrund

Zweigs letzte Erzählung

= Spiegel ihrer Zeit

Episches Vermächtnis

Erst nach seinem Selbstmord veröffentlicht

Psychologische Erzählung

Wegen dem Verlust seiner Heimat, nachdem er zufolge Hitlers Machtübernahme in Österreich ins Ausland ziehen musste, verfasste er die Schachnouvelle

Schildert darin die Erfahrungen von Verlust, Einsamkeit, Bedrohung und Niederlage in einem Kampf gegen einen übermächtigen Gegner

1.4 Charakterisierungen

1.4.1 Dr. B.

Dr. B. ist der Protagonist der im Jahr 1943 erschienenen Nouvelle „Schachnouvelle" von Stefan Zweig. Die Nouvelle schildert einige Schachspiele an Bord eines Passagierschiffes auf dem Weg von New York nach Buenos Aires, sowie die Erzählung des Dr. B. von seiner Gefangenschaft der Gestapo.

Dr. B. besitzt eine merkwürdige Blässe auf dem, verhältnismäßig jungen Gesicht. Seine Haare sind blendend weiß und er galt immer als ein Schachspieler ohne sonderliche Begabung.[6] „Nun bin ich zeitlebens nie ein ernstlicher Schachkünstler gewesen und zwar aus einfachen Grunde, dass ich mich mit Schach immer bloß leichtfertig und ausschließlich zu meinem Vergnügen befasste"[7] Er ist Österreicher und entstammt einer hochangesehenen Familie. Zu dieser gehörte auch ein Leibarzt des Kaisers.[8] Gemeinsam mit seinem Vater und später allein leitete er eine Kanzlei, die das Vermögen von Klöstern und Mitgliedern der kaiserlichen Familie verwaltete.[9] Deshalb besitzt er Material gegen Klöster und gegen die kaiserliche Familie, welches für Gestapo von äußerster Wichtigkeit ist.[10] In seine Kanzlei wird durch die Gestapo ein Spion geschickt und Dr. B. wird folglich verhaftet und kommt daraufhin in Isolationshaft.[11] Insgesamt ein Jahr wurde er in einem Zimmer des Hotels Metropol festgehalten. Dort war Dr. B. dazu gezwungen, ohne jegliche Ablenkung durch Menschen oder Gegenstände die Leere zu ertragen und wird unwillkürlich verhört.[12] Schließlich entdeckt er, während er auf ein Verhör wartet, in der Tasche eines Militärmantels ein Buch und nimmt es heimlich in sein Zimmer mit.[13] Allein in seiner Zelle stellt Dr. B. fest, dass es sich bei dem Buch um eine Sammlung von Schachpartien handelt. Obwohl seiner Meinung nach Schach gegen sich selber zu spielen absoluter Nonsens ist, beginnt er diese auswendig zu lernen und nachzuspielen.[14] So will er mit seiner Langeweile und Leere fertig werden und macht sich auf seiner kartierten Bettdecke und Brotkrümeln ein Schachbrett.

---

[6] Vgl. Stefan *Zweig*, Schachnouvelle (Stuttgart 2021) 37, im Folgenden zit. als: *Zweig*, Schachnouvelle.
[7] Vgl. *Zweig*, Schachnouvelle, 19.
[8] Vgl. *Zweig*, Schachnouvelle, 47.
[9] Vgl. *Zweig*, Schachnouvelle, 49.
[10] Vgl. *Zweig*, Schachnouvelle, 42.
[11] Vgl. *Zweig*, Schachnouvelle, 52-53.
[12] Vgl. *Zweig*, Schachnouvelle, 59.
[13] Vgl. *Zweig*, Schachnouvelle, 66-69.
[14] Vgl. *Zweig*, Schachnouvelle, 62.

„Allmählich begann bei dem zuerst bloß mechanischen Nachspielen der Meisterpartien ein künstlerisches, ein lusthaftes Verständnis in mir zu erwachen."[15] „Ich empfand mein Gehirn aufgefrischt und durch die ständige Denkdisziplin sogar noch gleichsam neu geschliffen"[16] Denn er musste für jede Seiten, Schwarz und Weiß, mindestens vier Züge voraus denken.[17] Dies führte auch dazu, dass er nur noch mehr an das Schachspielen denken kann. Dem Wahnsinn nahe, greift er einen Wärter an, verletzt sich und wird ins Krankenhaus gebracht. Währenddessen schrie er Positionen von Schachfiguren auf dem Schachbrett, weshalb der Arzt ihn fragte, ob er Mathematiker oder Chemiker sei.[18] Der mitfühlende Arzt erwirkt seine Freilassung. „Erst auf hier dem Schiff, fand ich wieder den Mut zu besinnen, was mir geschehen war."[19] „Bei dem aufflackerndem Licht bemerkte ich, dass ein nervöses Zucken um seinen rechten Mundwinkel zieht, das [sic] mir schon vorher aufgefallen war und […] sich alle paar Minuten wiederholte."[20] „Es war, als ob er eine verstörende Erinnerung unterdrücken wollte"[21] Er wollte sich, von dem Erzähler überredet, Czentovic nur für eine Runde stellen. Er mischte sich nämlich auch zuvor in eine Partie gegen den Schachweltmeister ein. Der falsche Zug bei der Schachpartie der Gruppe gegen Czentovic traf ihn wie ein Stich in seinem Herzen.[22] Das erste Spiel gegen Czentovic gewinnt er, doch der Erzähler merkt, dass seine Unruhe ihm zum Verhängnis wird. Czentovic fordert Revanche. Entgegen seiner Ankündigung lässt sich Dr. B. sofort darauf ein. Beim Rückspiel verzögert Czentovic seine Züge absichtlich, und macht Dr. B nervös.[23] Dr. B. kann schließlich nicht mehr zwischen dem realen Spiel und einer Partie aus dem Buch, die er noch immer im Kopf hat, unterscheiden. Schließlich bietet er Czentovic schreiend Schach, obwohl dies offensichtlicher Weise noch nicht der Fall ist. „Alles steht ganz falsch auf dem Brett […] Das ist ja eine ganz andere Partie"[24]. Als er begreift, was passiert ist, zieht Dr. B. sich aus dem Spiel zurück und kündigt an, nie wieder Schach spielen zu wollen.[25]

Dr. B entwickelt sich von einem überaus intelligenten Charakter zu einer traumatisierten Figur, die die Grenzen zwischen Realität und seiner Fantasie durchbricht.

[15] *Zweig,* Schachnouvelle, 58.
[16] *Zweig,* Schachnouvelle, 59.
[17] Vgl. *Zweig,* Schachnouvelle, 62.
[18] Vgl. *Zweig,* Schachnouvelle, 70.
[19] *Zweig,* Schachnouvelle, 72.
[20] *Zweig,* Schachnouvelle, 42.
[21] *Zweig,* Schachnouvelle, 61.
[22] Vgl. *Zweig,* Schachnouvelle, 73.
[23] Vgl. *Zweig,* Schachnouvelle, 83.
[24] *Zweig,* Schachnouvelle, 85.
[25] Vgl. *Zweig,* Schachnouvelle, 86.

1.4.2 Czentovic

Czentovic ist der Antagonist der im Jahr 1943 erschienenen Nouvelle „Schachnouvelle" von Stefan Zweig. Die Nouvelle schildert einige Schachspiele an Bord eines Passagierschiffes auf dem Weg von New York nach Buenos Aires, sowie die Erzählung des Dr. B. von seiner Gefangenschaft der Gestapo.

Czentovic ist der Schachweltmeister und dementsprechend sehr prominent.[26] Er befindet sich ebenfalls, wie Dr. B mit dem Passagierdampfer auf dem Weg zu einem Schachturnier in Argentinien.[27] Mirko Czentovic hat rote Wangen, blonde Haare und eine breite Stirn.[28]

Sohn eines blutarmen südslawischen Donauschiffers.[29] Mit zwölf Jahren starb sein Vater bei einem Unfall und er wurde daraufhin von einem Pfarrer aufgenommen.

Schon als Kind und Jugendlicher hatte er große Schwierigkeiten, Lesen, Schreiben und Rechnen zu lernen.[30] „ ‚Seine Unbildung war auf allen Gebieten universell' "[31] Czentovics wird außerdem durch „Langsamkeit" und „totale Teilnahmslosigkeit" geprägt.[32] Er machte nichts ohne besondere Aufforderung, stellte keine Fragen und spielte auch nicht mit anderen Kindern.[33] Er führt jedoch gehorsam Anweisungen des Pfarrers aus und hilft ihm im Haushalt.[34] So fällt es dem Pfarrer nie auf, dass der Junge in Schach interessiert ist. Doch als der Pfarrer abends gegen den Gendarmeriewachtmeister spielt, „hockte der blondsträhnige Bursche stumm daneben und starrte unter seinen schweren Lidern anscheinend schläfrig und gleichgültig auf das karierte Brett."[35]

Czentovic darf dann die Runde von dem Pfarrer zu ende spielen und gewinnt.[36] „Er spielte mit unwiderlegbarer Sicherheit."[37] Folglich fängt der Pfarrer sein Talent zu fördern und der Junge fängt an auch in Nachbarstädten zu spielen, dort gewinnt er ebenfalls die meiste Zeit. Doch

---

[26] Vgl. *Zweig,* Schachnouvelle, 7.
[27] Vgl. *Zweig,* Schachnouvelle, 8.
[28] Vgl. *Zweig,* Schachnouvelle, 9-12.
[29] Vgl. *Zweig,* Schachnouvelle, 6.
[30] Vgl. *Zweig,* Schachnouvelle, 9.
[31] *Zweig,* Schachnouvelle, 6.
[32] Vgl. *Zweig,* Schachnouvelle, 10.
[33] Vgl. *Zweig,* Schachnouvelle, 7.
[34] Vgl. *Zweig,* Schachnouvelle, 9.
[35] *Zweig,* Schachnouvelle, 10.
[36] Vgl. *Zweig,* Schachnouvelle, 8.
[37] *Zweig,* Schachnouvelle, 9.

unterscheidet ihn seine Methode von anderen Schachspielern. „Czentovic brachte es nie dazu [...], wie man fachgemäß sagt: blind – zu spielen."[38]

Dazu wird ihm seine Dummheit of zum Verhängnis: „Wo er einen gebildeten Menschen spürt, kriecht er in sein Schneckenhaus; so konnte sich noch niemand damit rühmen, ein dummes Wort von ihm gehört [...] zu haben." Zudem fehlen ihm jegliche Manieren, beispielsweise bei dem Spiel gegen die Gruppe mit McConnor und dem Erzähler. „Er trat ruhig auf den Tisch zu, ohne sich vorzustellen – ‚Ihr wisst, wer ich bin, und wer ihr seid, interessiert mich nicht' schien diese Unhöflichkeit zu besagen."[39]

Bei dem Spiel gegen Dr. B. findet man neue Verhaltensweisen von Czentovic, vor allem, wenn ihm etwas peinlich ist: Als Dr. B. mit seinem Fuß, wegen seiner inneren Spannung, auf dem Boden trommelt, bittet Czentovic erzürnt Dr. B. aufzuhören, weil es ihn nervös macht. Dr. B. antwortet jedoch, dass man es ihm ansehe und Czentovic wird ganz rot im Gesicht.[40]

Nachdem Czentovic gegen Dr. B. verlor, bat er ihn sofort um eine Revenge. Der geschulte Taktiker hatte nämlich herausgefunden, womit er seinen Gegner nervös machen konnte. Er zögerte absichtlich vor jedem Zug, um die Zeit hinauszuzögern.[41] Dies brachte Dr. B. folglich aus der Fassung, wobei das Spiel abgebrochen werden musste.

Darauf meint Czentovic „Für einen Dilettanten ist dieser Herr eigentlich ungewöhnlich begabt"[42], was seine eingebildete Art unterstreicht.

Czentovic verändert sich im Laufe der Nouvelle von einem dummen, distanzierten Jungen zu einem überheblichen Schachspieler, der als „der Schachweltmeister"[43] gilt, noch immer von seiner Dummheit geprägt.

---

[38] *Zweig,* Schachnouvelle, 11.
[39] *Zweig,* Schachnouvelle, 25.
[40] Vgl. *Zweig,* Schachnouvelle, 83.
[41] Vgl. *Zweig,* Schachnouvelle, 82.
[42] *Zweig,* Schachnouvelle, 87.
[43] Vgl. *Zweig,* Schachnouvelle, 7.

2. Werkaufbau/Personenkonstellation

2.1 Gegensätzlichkeiten der Hauptpersonen

	Czentovic	Dr. B.
lokale Herkunft	kleines slawisches Dorf	Wien, Weltstadt
soziale Herkunft	arme, einfache Verhältnisse	wohlhabende, bekannte Familie mit Tradition
intellektueller Eindruck	dumm	schlau
menschlicher Eindruck	hochnäsig, unhöflich, unpünktlich	sympathisch, höflich, hilfsbereit, pünktlich
Darlegung der Biografie	weniger	viel
Bildung	ungebildet	gebildet
Sprachfähigkeit	unbegabt	sprachlich/rhetorisch versiert
Zeitpunkt der Sprachstörung	immer, seit seiner Kindheit	erst in Haft „erworben"
Status als Schachspieler	Weltmeister	Amateur, Dilettant
Art des Schachspielens	keine Vorstellungskraft, braucht Schachbrett, nutzt Schwächen seines Gegners, zögert-taktiert	spielt im Kopf, denkt voraus, gestresst

3. Interpretation

In der „Schachnouvelle" bietet uns Stefan Zweig 1941 eine negative Sicht auf die Welt. Dr. Bs. Niederlage spiegelt die Niederlage der Kultur gegen die stumpfen Aggressionen wider, so wie Europa die Barbarei des Nationalsozialismus unterlegen ist. Widerstand ist zwecklos, die Gewalt, die die Schwächen des Gegners rücksichtslos ausnutzt, hat das letzte Wort.

Stefan Zweig starb, bevor der Zweite Weltkrieg vorbei war, dabei dachte er, dass ganz Europa, und so auch sein Heimatsland Österreich, in den Händen der Nationalsozialisten verloren sei.

Die Nachrichten über Hitlers Kriegserfolge, die Verzweiflung über die Zerstörung der europäischen Demokratien und die Verfolgung der Juden hatten ihn in schwere Depressionen gestürzt, weshalb er sich auch selbst umgebracht hatte.[44]

So entwickelt Stefan Zweig eine letzte hoffnungslose Perspektive auf die Welt, die in seinen Augen kurz vor dem Untergang stand, mit der Konnotation, dass er in seinen Depressionen wahrlich ertrinkt, von seiner Heimat im Exil für immer getrennt.

„So gehöre ich nirgends mehr hin, überall Fremder und bestenfalls Gast; auch die eigentliche Heimat […] ist mir verloren, seit es sich […] selbstmörderisch zerfleischt im Bruderkriege."[45]

Dabei sollte die „Schachnouvelle" als sein letztes Werk vor seinem Tod widerspiegeln, dass Widerstand zwecklos ist, wenn dein Gegner über dir steht.

Die Gewalt, die die Schwächen des Gegners rücksichtslos ausnutzt, hat das letzte Wort. Diese Aussage wird dadurch verdeutlicht, dass, obwohl Dr. B. die erste Runde Schach gegen Czentovic gewinnen konnte, er ihm trotzdem unterlag.[46]

Der psychische Druck der Haft der Gestapo hatte bei Dr. B. langfristig Spuren hinterlassen. Das Schachbrett bringt ihn zurück in diese Zeit, die für ihn eine Tücke ist, eine Säure, ein Gift, dass ihn für immer verseucht hat, sodass er nie wieder Schach spielen kann, ohne die Züge seines Gegners mit denen der Meisterschaften zu vergleichen.

---

[44] Vgl. *unbekannter Autor*, Zweig, Stefan. In: Austria-Forum (abgerufen am 13.05.2022).
[45] *unbekannter Autor*, Stefan Zweig. In: Künste im Exil, online unter: <https://kuenste-im-exil.de/KIE/Content/DE/Personen/zweig-stefan.html> (abgerufen am 13.05.2022).
[46] Vgl. *Zweig*, Schachnouvelle, 85.

„Das Attraktive des Schachs beruht doch im Grunde einzig darauf, dass sich seine Strategie in zwei verschiedenen Gehirnen verschieden entwickelt."[47]

Dr. Bs. Gehirn wurde durch das ständige Schachspielen in seinem Kopf in zwei Teile geteilt, Schwarz und Weiß. Zwei Gegensetzte kontrollieren seine Denkweise, sowie seine Existenz. So hat das Schachbrett Macht über ihn ergriffen. Das Schachspielen übernimmt Kontrolle über ihn und er verliert seine Beherrschung, während er gegen Czentovic spielt.[48]

Seine Niederlage gegen den Schachweltmeister ist aber nicht für ihn deswegen tragisch, weil er verloren hat, sondern ist im bewusst geworden, dass es nicht doch mehr möglich ist, in sein geregeltes Leben zurückzukehren.[49]

Folglich unterliegt er seinem Gegner und sein Widerstand war zwecklos.

So kann die Interpretationshypothese, dass In der „Schachnouvelle" Stefan Zweig uns 1941 eine negative Sicht auf die Welt bietet und Dr. Bs. Niederlage die Niederlage der Kultur gegen die stumpfen Aggressionen widerspiegelt, sowie Widerstand zwecklos ist, die Gewalt, die die Schwächen des Gegners rücksichtslos ausnutzt, hat das letzte Wort, belegt werden.

---

[47] *Zweig,* Schachnouvelle, 54.
[48] Vgl. *Zweig,* Schachnouvelle, 84.
[49] Vgl. *Zweig,* Schachnouvelle, 87.

4. Quellenverzeichnis

4.1 Selbstständige Quellen

Stefan *Zweig*, Schachnouvelle (Stuttgart 2021).

4.2 Internetquellen

unbekannter Autor, Zweig, Stefan. In: Austria-Forum, online unter: <https://austria-forum.org/af/Biographien/Zweig%2C_Stefan> (abgerufen am 13.05.2022).

unbekannter Autor, Stefan Zweig: Umstrittener Weltautor. In: Wiener Zeitung, online unter: <https://www.wienerzeitung.at/nachrichten/reflexionen/vermessungen/2124518-Stefan-Zweig-Umstrittener-Weltautor.html> (abgerufen am 13.05.2022).

unbekannter Autor, Stefan Zweig. In: Künste im Exil, online unter: <https://kuenste-im-exil.de/KIE/Content/DE/Personen/zweig-stefan.html> (abgerufen am 13.05.2022).

16

BEI GRIN MACHT SICH IHR WISSEN BEZAHLT

- Wir veröffentlichen Ihre Hausarbeit, Bachelor- und Masterarbeit

- Ihr eigenes eBook und Buch - weltweit in allen wichtigen Shops

- Verdienen Sie an jedem Verkauf

Jetzt bei www.GRIN.com hochladen und kostenlos publizieren